44 b
30

AF476826

...tes inédites

de Napoléon Ier

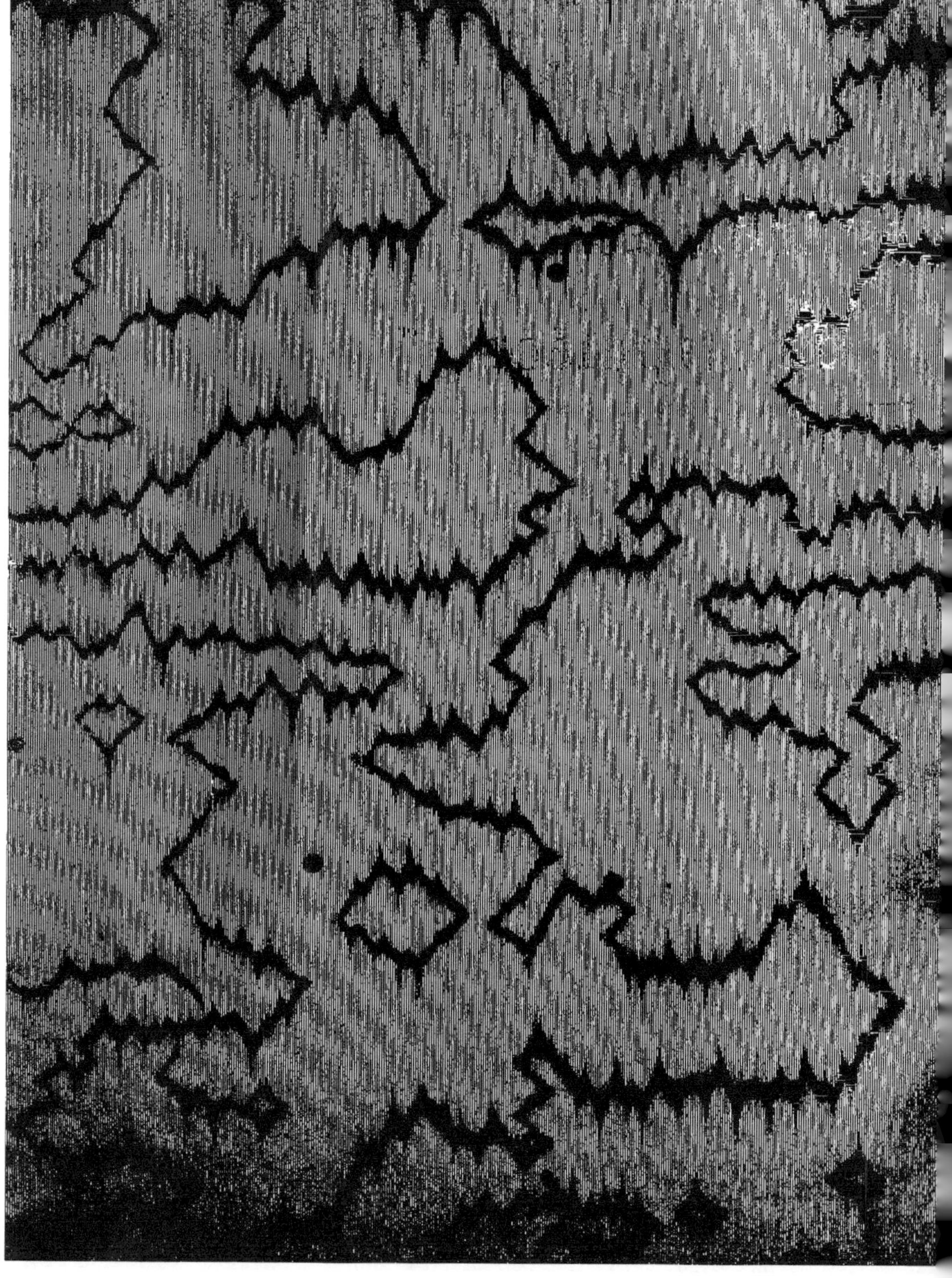

NOTES INÉDITES

DE L'EMPEREUR NAPOLÉON Ier

SUR LES

MÉMOIRES MILITAIRES DU GÉNÉRAL LLOYD

NOTES INÉDITES

DE

'EMPEREUR NAPOLÉON Ier

SUR LES MÉMOIRES MILITAIRES DU GÉNÉRAL LLOYD

PUBLIÉES PAR

Ariste DUCAUNNÈS-DUVAL

MEMBRE DE L'ACADÉMIE NATIONALE
DES SCIENCES, BELLES-LETTRES ET ARTS DE BORDEAUX
ARCHIVISTE DE LA VILLE

BORDEAUX

IMPRIMERIE G. GOUNOUILHOU

11, RUE GUIRAUDE, 11

—

1901

EXTRAIT DU TOME XXXV DES « ARCHIVES HISTORIQUES DE LA GIRONDE »

NOTES INÉDITES

DE L'EMPEREUR NAPOLÉON Ier

SUR LES

MÉMOIRES MILITAIRES DU GÉNÉRAL LLOYD

La découverte d'un volume de Rollin, ayant appartenu à Napoléon Ier pendant sa captivité de Sainte-Hélène, et retrouvé par M. Gabriel Hanotaux dans une boîte de bouquiniste, sur les quais de Paris, a provoqué de récentes recherches sur les livres qui firent partie des bibliothèques impériales. Coup sur coup, le *Bulletin du Bibliophile et du Bibliothécaire,* qui avait déjà donné une notice complète sur le Rollin de M. Hanotaux, a publié, en mars 1900, une note de son directeur M. Georges Vicaire, accompagnant deux intéressantes lettres de M. Frédéric Masson et de M. le marquis de Luppé; en avril, une curieuse étude de M. Antoine Guillois sur les bibliothèques particulières de l'empereur Napoléon; en octobre, enfin, une notice de M. l'abbé A. Tougard sur un Baillet qui appartint à l'Empereur. La Société des Archives historiques de la Gironde a pensé que le moment était favorable pour faire connaître au public un nouveau volume ayant appartenu à Napoléon Ier, et annoté de sa main à Sainte-Hélène (1).

Ce volume, qui est la propriété de la ville de Bordeaux, est déposé aux Archives municipales de cette ville. C'est un in-4°, relié en veau plein marbré, tranche jaspée, dont les deux plats extérieurs portent les armes impériales. Sur le premier de ces plats on lit en capitales dorées : RAMBOUILLET. Ce volume a pour titre : *Introduction à l'histoire de la guerre en Allemagne, en 1756, entre le roi de Prusse et l'impératrice-reine avec ses alliés, ou Mémoires militaires et politiques du général Lloyd,* traduit et augmenté de notes..., par un officier français [le marquis de Mesmon]. Londres et Bruxelles, 1784.

A côté de ce livre, placé dans une vitrine, on voit une plaque en cuivre portant l'inscription suivante :

CODICILLE A MON TESTAMENT :

« Je lègue à la ville de Bordeaux :

» 1° Un volume in-quarto, aux armes impériales, des *Mémoires militaires* du général Lloyd, annoté en marge de la main de l'Empereur;

(1) Ce volume, ainsi que les autres reliques napoléoniennes que possède la ville de Bordeaux, a été signalé dans l'*Intermédiaire des chercheurs et curieux,* n° du 10 juillet 1894, page 17.

» 2° Une croix de la Légion d'honneur qui a été portée par Napoléon;

» 3° Une aigle en argent que l'Empereur m'a donnée, et qui faisait partie de l'argenterie brisée à Sainte-Hélène.

» A Châteauroux, le 15 septembre 1842.

» *Signé :* BERTRAND. »

Le registre des délibérations du Conseil municipal de Bordeaux, à la date du 29 mars 1844, mentionne la remise faite au Maire par M. L. Bertrand, frère du général Bertrand, du volume et des objets détaillés dans ce codicille (1).

Notre volume, on le voit par sa description, a donc appartenu à la bibliothèque de Rambouillet. D'autre part, il a suivi Napoléon à Sainte-Hélène. Il fit partie des quatre cents volumes que le gouvernement provisoire, le 27 juin 1815, autorisa l'Empereur à emporter de cette bibliothèque et qui furent choisis par les soins d'Hébert, concierge du château (2). Ce n'est donc pas seulement, comme paraît le penser M. A. Guillois, de la bibliothèque de Trianon que furent tirés les 588 volumes armoriés, qui furent transportés à Rochefort et sur le *Northumberland*.

Que notre volume ait suivi l'Empereur à Sainte-Hélène, nous en avons plusieurs preuves : sa présence entre les mains de Bertrand, d'abord; puis la marque, sur le titre, d'une empreinte de sceau gravé en creux, où l'on distingue vaguement les armes impériales, et qui permet, d'après M. Guillois, de reconnaître les ouvrages de la bibliothèque de Longwood; enfin, le texte même des annotations manuscrites : l'une d'elles (p. 63) fait allusion aux combats de Champaubert, de Montmirail et de Nangis.

Ces annotations, intéressantes en elles-mêmes, donnent encore plus de prix au volume. On sait, en effet, que l'Empereur a très rarement annoté des livres reliés, bien qu'il en fît sa lecture préférée. M. Guillois, dans son intéressant travail, cite les *Principes de stratégie* de l'archiduc Charles, et deux volumes qui se trouvent aujourd'hui à la bibliothèque de Sens, *tous brochés,* parmi les livres annotés. Le Rollin relié de M. Hanotaux est remarquable par ses notes manuscrites; notre volume mérite, au même titre, d'attirer l'attention.

Comment le « Lloyd » de Napoléon est-il venu en la possession du général Bertrand? Faisait-il partie des quatre cents volumes choisis dans la bibliothèque de Longwood « parmi ceux qui ont le plus servi à mon usage », et que l'Empereur, par l'état A annexé à son testament, léguait à son fils et confiait à la garde de Saint-Denis (3)? A-t-il été remis à Bertrand après la mort du duc de Reichstadt, ou bien a-t-il été donné par l'Empereur à Bertrand avec l'aigle d'argent provenant de l'argenterie brisée à Sainte-Hélène, que possède aussi la ville de Bordeaux? Nous nous bornons à poser la question.

(1) La ville de Bordeaux possède deux autres objets ayant appartenu à l'Empereur et légués aussi par le général Bertrand : un couteau de table et une brosse à dents, en argent doré.

(2) Voir la lettre de M. Frédéric Masson. (*Bulletin du bibliophile,* 1900, p. 146.)

(3) Voir *Mémorial de Sainte-Hélène,* in-4°, t. II, p. 537.

Les remarques de Napoléon sur les neuf derniers chapitres de la première partie de l'ouvrage du général Lloyd, quoique en général brèves, nous ont paru assez intéressantes pour être publiées. Ce sont des notes marginales, tracées d'une écriture très rapide, souvent informe. On en pourra juger par les deux *fac-simile* insérés dans la publication. A la page 68, pour se rendre à lui-même plus sensible la justesse de ses observations, l'Empereur a intercalé dans la dernière note marginale un dessin informe qui a été reproduit à sa place.

Le déchiffrement de l'écriture de Napoléon n'a rien à voir avec les règles de la paléographie classique. A notre très grand regret, nous avons dû, dans certains passages, remplacer par des points quelques mots illisibles pour nous. Quant à l'orthographe, très fantaisiste, elle a été partout scrupuleusement respectée.

Enfin, c'est grâce aux connaissances techniques de M. le colonel Emery, et à sa grande obligeance, que nous avons pu mener à bien la publication de ces remarques manuscrites du grand homme de guerre, dont les moindres pensées, le moindre souvenir excitent encore aujourd'hui partout une si vive curiosité.

TEXTE DE LLOYD

NOTES DE NAPOLÉON

DE LA

COMPOSITION DES DIFFÉRENTES ARMÉES

ANCIENNES ET MODERNES

PREMIÈRE PARTIE

[Les annotations ne commencent qu'au chapitre IX.]

CHAPITRE IX

De l'ordre de bataille des modernes.

Par ordre de bataille, j'entends la distribution des différentes armes. . . . .

Avant de finir ce discours, le lecteur me permettra de résumer brièvement tout ce que nous avons dit jusqu'à présent, et de le présenter de nouveau sous la forme de corollaires afin qu'on en puisse saisir l'ensemble d'un coup d'œil, et être en état de former un jugement plus éclairé; j'ajouterai la description d'une bataille, et je crois que les opinions que je me suis efforcé d'établir en recevront plus de force et de clarté.

Cette assertion n'est exacte : les armes à feu sont plus propre à l'offensive qu'à la défensive.

1° On ne peut appliquer à toutes les opérations de la guerre l'usage général des armes à feu et de toutes les espèces d'armes de jet; elles ne sont propres qu'à la guerre défensive et conséquemment à un pays couvert et serré, où les troupes sont toujours à l'abri et opposent à l'ennemi des obstacles qui l'empêchent d'approcher.

2° L'usage des armes à feu a fait de la guerre un art beaucoup plus savant et plus difficile qu'il n'étoit chez les anciens, où tout se bornoit à l'arrangement des troupes, à l'exercice, et aux évolutions : ce que nous appelons les manœuvres, pris dans son sens le plus étendu, leur étoit absolument inconnu; c'étoit aux batailles qu'ils confioient la destinée des guerres; et par la nature de leurs armes une bataille étoit toujours décisive.

Marengo, Ulme, Austerlitz, Jena, Friedland, Ekmul.

3° Dans la constitution moderne les batailles ne sont pas, et ne peuvent pas être décisives; ce sont plutôt des grandes escarmouches que des affaires générales, et le massacre y est bien moindre que chez les anciens qui n'employoient que l'arme de main.

Le fusil est la force de l'infenterie.

Le fusil est util à la cavalerie.

4° L'infanterie, quoique sa formation sur trois de hauteur ait été imaginée en faveur du fusil, ne peut faire cependant que bien peu d'usage de cette arme, et la cavalerie ne peut s'en servir du tout.

Ignorance.

5° Cette formation sur trois est trop foible pour qu'une ligne ait en marchant quelque consistance, pour qu'elle puisse attaquer ou se défendre elle même contre une autre troupe à qui sa constitution donnera plus de force et d'activité.

Ignorance.

6° Cette formation mince donne une telle étendue aux lignes qu'elles ne peuvent marcher, même en plaine, avec quelque légèreté, à plus forte raison dans un pays serré et couvert.

Ignorance.

7° Une ligne de deux lieues de front doit nécessairement, dans une si grande étendue, remonter des terreins qui ne conviennent pas à l'espèce de troupe qui s'y trouve placée, et cependant il n'y a pas moyen de changer l'ordre primitif, quoique la nécessité l'ordonne.

torieuſes enſemble ou défaites, parce qu'elles n'auroient formé qu'une armée compoſée de différentes troupes combinées & réunies pour un but commun.

Avant de finir ce diſcours le lecteur me permettra de réſumer briévement tout ce que nous avons dit juſqu'à préſent, & de le préſenter de nouveau ſous la forme de Corollaires afin qu'on en puiſſe ſaiſir l'enſemble d'un coup d'œil, & être en état de former un jugement plus éclairé ; j'ajouterai la deſcription d'une bataille & je crois que les opinions que je me ſuis efforcé d'établir en recevront plus de force & de clarté.

1°. On ne peut appliquer à toutes les opérations de la guerre l'uſage général des armes à feu & de toutes les eſpeces d'armes de jet ; elles ne ſont propres qu'à la guerre défenſive & conſéquemment à un pays couvert & ſerré, où les troupes ſont toujours à l'abri & oppoſent à l'ennemi des obſtacles qui l'empêchent d'approcher.

2°. L'usage des armes à feu a fait de la guerre un art beaucoup plus ſavant & plus difficile qu'il n'étoit chez les anciens, où tout ſe bornoit à l'arrangement des troupes, à l'exercice, & aux évolutions ; ce que nous appellons les manœuvres, pris dans ſon ſens le plus étendu, leur étoit abſolument inconnu, c'étoit aux batailles qu'ils confioient la deſtinée des guerres ; & par la nature de leurs armes une bataille étoit toujours déciſive.

3°. Dans la conſtitution moderne les batailles ne ſont pas, & ne peuvent pas être déciſives ; ce ſont plutôt des grandes eſcarmouches que des affaires générales, & le maſſacre y eſt bien moindre que chez les anciens qui n'employoient que l'arme de main.

4°. L'infanterie, quoique ſa formation ſur trois de hauteur ait été imaginée en faveur du fuſil, ne peut faire cepen-

Phototypie Ch. Chambon. Cliché Th. Amtmann.

FAC-SIMILE

DE LA PAGE 34 DES MÉMOIRES DU GÉNÉRAL LLOYD, ANNOTÉS PAR L'EMPEREUR NAPOLÉON Ier

8° Tout le front doit avancer ensemble, ce qui ôte à l'armée toute son activité, et donne le temps à l'ennemi de prendre ses mesures pour le combat, ou de se décider à la retraite, s'il le juge à propos; ce qui réduit le projet de bataille à une légère escarmouche.

Absurde.

9° Le Général ne peut voir et conduire toutes les opérations d'une ligne si étendue, de sorte que, par l'ignorance, la négligence, ou la mauvaise volonté des Officiers Généraux, l'action n'est jamais suivie comme elle devroit l'être; la plupart des opérations sont manquées, ce qui peut entraîner la perte des autres; en un mot, il y a défaut d'unité dans l'action, et d'activité dans l'exécution.

Un général qui voit sa ligne c'est le général de brigade qui doit commender 4 bataillons ou 2,400 hommes et 1 batterie de canons... rengé une armée en colonne seré; un général en chef ne peut jamais être partout.

10° Une étendue de ligne qui deviendroit excessive nécessite à en former plusieurs, de façon que si l'on considère le petit nombre d'hommes qui agissent dans la première, et que dans les autres on n'agit que successivement et partiellement, et presque toujours quand il n'est plus temps, on trouvera qu'il y a à peine la sixième partie des troupes qui entrent en action, et que de cette sixième partie il n'y a peut-être aucun corps qui soit à sa véritable place d'attaque ou de défense. . . . .
. . . .

Absurde.

Description d'une bataille.

Je ne puis mieux exposer les vices de notre constitution militaire. . . . .
. . . .

Après bien des marches et des contre-marches qui souvent entraînent la meilleure partie de la campagne, on se détermine à donner bataille; tous ceux qui le savent, et il y en a toujours trop, se donnent bien du mouvement pour avoir du commandement, ou être chargés d'aller annoncer la

Il n'y a point de commendement à donner; l'armée est divisé en corps d'armée de 30,000, ceux-ci en division de 8,000 et en 3,000 de cavalerie, le reste pour l'artillerie, le génie; la division sera partagé en 3 brigades de 2,400 hommes chacune, ou en 2 de 4,000.

victoire qu'on espère, et dans le choix qui est fait, l'intrigue et la faveur l'emportent sur la valeur et les talens.

Absurde. Impossible de reconnoître une armée forte de plus 100,000, à moins de 24 de tems.

Il est impossible de faire battre un homme malgré soi s'il consent à abandonner le pays et à laisser tout prendre.

On emploie plusieurs jours à examiner la position de l'ennemi, ce qui devroit être fait en peu de minutes, car quiconque ne sait pas juger d'un coup d'œil la nature d'un camp et la manière de l'attaquer, doit à jamais renoncer au commandement; pendant toutes ces longueurs, l'ennemi se prépare à vous recevoir, il fortifie sa position, ou la change, souvent il fait sa retraite, de sorte que vous rencontrez des obstacles nouveaux et imprévus, où peut-être toutes vos peines sont perdues, et il faut suivre l'ennemi pour trouver de nouvelles occasions que vous ne rencontrerez peut-être pas dans toute une campagne, surtout si le Général ennemi est habile et qu'il veuille éviter le combat.

Faux. Tout cela se fait et se change pendant la bataille quand l'on a reconnu le terrain.

Enfin, on détermine la manière de former les attaques, et dix fois pour une, il faut apporter des changemens, parce que l'ennemi a fait des dispositions essentiellement différentes pendant que vous perdiez votre temps en préparatifs. Si vous n'êtes pas instruit à temps de ses démarches et que vous alliez inconsidérément à lui, votre premier plan ne vaut plus rien, et vous n'êtes pas à même d'en former un autre qui soit propre aux circonstances actuelles, car il faudroit déplacer entièrement votre infanterie et votre cavalerie; cela ne se peut faire devant l'ennemi sans prêter le flanc, et ainsi s'exposer à une entière défaite; si l'on veut faire quelque changement dans la disposition de l'armée, il faut que cela soit fait un jour ou deux avant de quitter le camp, autrement il se met tant de confusion dans l'armée qu'il n'y a plus de remède. . . . .

. . . .

Supposons maintenant que votre armée est de cinquante mille hommes; elle occupe un front de deux lieues. Dans une telle étendue de pays, l'art et la nature peuvent opposer mille obstacles qui retardent nécessairement votre marche, parce qu'il faut que toute la ligne avance en même temps; si quelque partie se séparoit le moins du monde, un ennemi actif se jetteroit vivement dans cet intervalle, et coupant ainsi votre armée, vous prendroit en flanc, et vous déferoit totalement; c'est exactement ce qui est arrivé à la bataille de Prague. . . . . .

Absurde.

. . . .

CHAPITRE X

Nouveau sistème.

Après avoir montré, dans les chapitres précédens, que l'usage exclusif des armes à feu, la formation sur trois donnée à l'infanterie et à la cavalerie, et l'ordre de bataille qui résulte de cette formation, étoient imparfaits et peu propres à mettre une armée en état d'exécuter toutes les opérations de la guerre, il me reste à examiner comment on peut former, armer et ranger des troupes, soit de cavalerie, soit d'infanterie, pour éviter tous les défauts de la constitution moderne, et pour donner à ces nouveaux corps les qualités qui constituent, suivant moi, la perfection d'une armée, c'est-à-dire la force, l'activité et la mobilité universelle.

Tant que l'arme à feu sera la seule, comme aujourd'hui, dont l'infanterie fasse usage, car l'épée et la bayonnette ne lui servent de rien, on ne pourra former aucun sistème qui diminue les imperfections dont nous nous plaignons. Si vous formez par exemple vos gens sur deux rangs pour leur rendre plus commode l'usage du fusil, votre ligne deviendra si étendue et si mince qu'il ne sera presque plus possible de la remuer et de la faire agir; encore moins sera-t-il à espérer qu'elle puisse résister au choc de l'ennemi. Si, au contraire, vous disposez votre troupe sur quatre ou cinq rangs, elle ne pourra plus faire usage de ses armes.

Les hommes armés de piques seront à peu près nul contre l'enfenterie.

La conséquence naturelle, c'est qu'une partie de votre monde doit être armé de piques; cette arme seule peut se prêter à une formation qui ait assez de force pour résister au choc de l'ennemi, soit qu'il attaque à pied ou à cheval; et pour se mouvoir dans toute espèce de terrein avec un égal avantage, il faut unir et combiner ensemble la solidité de l'arme de main avec la longue portée de l'arme de jet; si nous pouvions atteindre ce point, nous approcherions bien près de la perfection qui est le but de nos recherches; et il n'y a point de doute qu'une armée formée sur de tels principes ne fût supérieure à toutes celles qui existent aujourd'hui. . . . . . .
. . . .

CHAPITRE XI

De l'habillement des soldats.

Une sufit dans le sac.

Le soldat doit avoir trois chemises de grosse toile sans garniture, deux caleçons, deux culottes de coutil. . . . .
. . . .

CHAPITRE XII

Des armes défensives.

La partie naturellement la plus essentielle à couvrir, c'est la tête. . . . .
. . . .

En voilà assez sur l'habillement et l'armure du soldat; parlons maintenant de ses armes offensives en commençant par celles de l'infanterie.

Nous avons déjà montré que le fusil et la bayonnette sont embarrassans, trop lourds du bout, et trop courts comme arme de main, et que l'épée doit être absolument réformée comme inutile; je voudrois racourcir le canon du fusil de dix à douze pouces. . . . .

. . . .

Au lieu de la bayonnette, je voudrois une lance de quatre pieds de long, d'un bois fort léger, comme le frêne par exemple; il y auroit une hampe d'acier de six pouces dont les deux derniers formeroient la pointe, et le reste du bois seroit garni de deux lames de fer pour l'empêcher de casser. Cette lance se porteroit sous le bras gauche, la pointe en bas, elle seroit faite de manière à pouvoir se fixer au bout du fusil comme la bayonnette, mais avec deux tenons au lieu d'un pour plus de solidité.

Si le fusil est brisé ou perdu dans le combat, dans le moment qu'on joint l'ennemi, et que le feu cesse par conséquent, cette lance, même seule, peut être d'un grand usage, et quand elle est attachée au fusil elle est excellente aussi bien contre la cavalerie que contre l'infanterie. On peut objecter qu'en racourcissant le canon, le feu des derniers rangs incommodera les autres, mais cette difficulté n'est de nulle valeur. Si vous tirez par rangs, il y aura plus d'ordre et de sûreté, et moins de précipitation que dans les autres feux, surtout si la lance n'est pas encore au bout du fusil, mouvement que je ne crois pas qu'on doive faire avant d'être à trois cens pas de l'ennemi; alors il faut la placer, et aborder vivement.

Mauvais. Le feu est tout, le reste est peu de chose. Au lieu de cela, il seroit préférable d'augmenter de 4 pouces le fusil du 3e rang, de donner le fusil ordinaire au 2e rang et le fusil de dragon au 1er, composé d'hommes de moins de 5 pieds, le 3e rang d'hommes de 5 pieds 6 pouces..... moyenant une semelle de liege de 3 ou 4 lignes ou 5 lignes.

Les trois quarts de l'infanterie seront armés de ce fusil avec la lance, l'autre aura des piques de douze pieds de long, un bon sabre et des pistolets à la ceinture.

Ce bataillon ne soutiendra pas un bataillon ordinaire qui lancera le double de bal.

La cavalerie sera habillée comme l'infanterie, à l'exception des brodequins qui seront remplacés par des bottes de cavalier, ses armes seront une lance de sept pieds de long que le cavalier portera le long de la selle à droite, de manière à pouvoir la saisir vivement et s'en servir; ses autres armes seront un sabre de quatre pieds et une paire de pistolets.

La cavalerie légère et les hussards resteront armés à l'ordinaire; comme ils sont souvent employés à reconnoître et que l'infanterie ne peut les suivre, ils doivent avoir des mousquetons pour être à armes égales avec l'ennemi; l'infanterie légère sera armée comme le reste avec le fusil et la lance, sans épée ni pistolets.

Une division de 6,000 cavaliers ainsi armés sera arrêté par une maison, un village, un ravin où il y aura 100 voltigeurs, cela est absurde; et les cantonnements, les quartiers, les bivoques, qui les gardera? Tout cavalier doit avoir un mousqueton ou carabine.

Après l'habillement et l'armement, il faut s'occuper de la formation, et la rendre telle que l'homme puisse employer avantageusement ses armes. Je voudrois que l'infanterie fût sur quatre rangs, dont les trois premiers n'auroient que le fusil et la lance comme nous l'avons dit, le dernier auroit de longues piques, l'épée et une paire de pistolets.

A quoi servira le 3e rang; il ne pourra pas tirer.

Le premier rang seroit composé des plus petits hommes, et ainsi de suite, en amphithéâtre; cet arrangement leur rendra l'usage de leurs armes plus aisé; la méthode contraire, qui prévaut aujourd'hui, est une absurdité en faveur du coup d'œil.

Les trois premiers rangs, protégés par les piques en approchant de l'ennemi, pouront tirer par rangs, et alors mettant plus d'ordre et de tranquilité dans leur feu, ils en tireront plus d'effet.

Il n'y a de bon feu et qui sera praticable à la guerre que le feu de file à volonté ([1]).

Il n'est pas nécessaire d'observer qu'une troupe sur quatre rangs aura en marchant plus de fermeté et de solidité; il est vrai que votre ligne sera d'un quart plus courte, mais ce n'est pas un défaut selon moi, au contraire, elle en acquiert plus de force et d'activité; ce qui est, comme nous l'avons déjà tant répété, les deux premières qualités d'une troupe de guerre. Mais, dira-t-on, si votre ligne est débordée par l'ennemi, il vous prendra en flanc;

Mauvais.

([1]) Ce feu de file à volonté, dont parle l'Empereur, n'est autre que le feu de deux rangs prescrit par l'ordonnance du 1er janvier 1766 et le règlement du 1er août 1791, suivi pendant les guerres de la République et de l'Empire. Ce feu était exécuté par les deux premiers rangs, le troisième se bornant à charger et à passer l'arme chargée à l'homme du deuxième rang.

portera le long de la selle à droite, de maniere à pouvoir la saisir vivement & s'en servir; ses autres armes feront un sabre de quatre pieds & une paire de pistolets.

La cavalerie légere & les hussards resteront armés à l'ordinaire; comme ils sont souvent employés à reconnoître, & que l'infanterie ne peut les suivre, ils doivent avoir des mousquetons pour être à armes égales avec l'ennemi, l'infanterie légere sera armée comme le reste avec le fusil & la lance, sans épée ni pistolets.

Après l'habillement & l'armement il faut s'occuper de la formation, & la rendre telle que l'homme puisse employer avantageusement ses armes. Je voudrois que l'infanterie fut sur quatre rangs dont les trois premiers n'auroient que le fusil & la lance comme nous l'avons dit, le dernier auroit de longues piques, l'épée, & une paire de pistolets.

Le premier rang seroit composé des plus petits hommes & ainsi de suite en amphithéatre; cet arrangement leur rendra l'usage de leurs armes plus aisé, la méthode contraire qui prévaut aujourd'hui est une absurdité en faveur du coup d'œil.

Les trois premiers rangs protégés par les piques en approchant de l'ennemi, pouront tirer par rangs, & alors mettant plus d'ordre & de tranquilité dans leur feu, ils en tireront plus d'effet.

Il n'est pas nécessaire d'observer qu'une troupe sur quatre rangs aura en marchant plus de fermeté & de solidité; il est vrai que votre ligne sera d'un quart plus courte, mais ce n'est pas un défaut selon moi, au contraire, elle en acquiert plus de force & d'activité; ce qui est, comme nous l'avons déja tant répété, les deux premieres qualités d'une troupe de guerre; mais dira-t-on

Phototypie Ch. Chambon. Cliché Th. Amtmann.

FAC-SIMILE

DE LA PAGE 48 DES MÉMOIRES DU GÉNÉRAL LLOYD, ANNOTÉS PAR L'EMPEREUR NAPOLÉON Ier

cette objection tombera d'elle-même quand j'expliquerai l'arrangement général que je donne à tout l'ordre de bataille; c'est ce que je ferai bientôt.

Il suffit à présent de démontrer qu'une troupe sur trois ne peut résister au choc d'une autre formée sur quatre, et armée de lances, de fusils et de piques; et que la quantité de feu est égale de part et d'autre, quoique la ligne de celle-ci soit plus courte; car cette partie de la ligne ennemie qui vous déborde ne peut à une grande distance nuire à vos flancs, puisque les hommes de la ligne ne s'écartent pas à droite et à gauche pour choisir la direction de leur feu; ainsi tout ce qui vous déborde perd son feu, et quand il s'agira d'aborder l'ennemi, vous devez y mettre tant de vivacité que la dispute soit bientôt finie.

Quant à la crainte d'être tourné par les flancs en joignant l'ennemi, je vais y pourvoir dans l'arrangement des bataillons.

Supposant le bataillon de 600 soldats présent, vous n'aurez que 300 hommes qui tireront — les notres tirent tous. J'aimerois autant avoir 300 hommes rangé selon l'endroit à 600

. . . .

En ce cas là, rengé vous en colonne serée sur 12 de profondeur. Tout cela est bien absurde.

CHAPITRE XIII

De la formation des bataillons.

Je formerai le bataillon de cinq compagnies: l'une de grenadiers-chasseurs, les quatre autres de grosse infanterie, tous armés de même, si ce n'est que la lance des chasseurs employée comme bayonnette sera d'un pied plus longue que celle du reste de l'infanterie, parce que devant assez communément agir seul à seul, ils s'en serviront plus facilement.

Chaque compagnie d'infanterie sera de 128 hommes, non compris les Officiers et les Bas-Officiers; la compagnie de chasseurs étant plus fatiguée de service, et ainsi plus exposée à la consommation d'hommes, doit être aussi plus forte; je la porte à deux cens hommes . . . .

. . . .

Le régiment sera formé . . . . avec un

intervalle de cinquante toises entre les deux bataillons qui auront sur leurs flancs trois ou quatre pièces de campagne et sept ou huit obus.

Les deux compagnies de chasseurs se placeront en arrière de l'intervalle des deux bataillons et sur les flancs. Comme ceux-ci peuvent s'étendre à vingt-cinq toises de chaque côté, et que les bataillons eux-mêmes peuvent s'espacer de soixante-quinze toises sans danger et sans aucun inconvénient, il est évident que ce régiment ainsi formé débordera un corps d'infanterie de même nature, quoique formé sur trois seulement.

Tout cela est bien mauvais. Voilà une plaisante idée de séparer les bataillons de 75 toises sans affoiblir la ligne... des piquiers en tirailleurs... des tirailleurs avec des fusil moins bons.

Le feu de nos deux compagnies de chasseurs produira seul plus d'effet que tout celui de l'ennemi, par la raison simple que tous ces hommes agissant à leur aise, visant à loisir et croisant leur feu sur tout le front de l'ennemi en lui gagnant les flancs, ils prendront leurs avantages comme des véritables chasseurs adroits et expérimentés. Si vous ajoutez à cela le feu solide des bataillons qui tirent en masse, il n'y a pas de doute qu'en tout vous ne soyez supérieur à l'ennemi par l'étendue du front, aussi bien que par la force et l'activité de la ligne.

Il vous accablera par son feu double, en quantité de balles et en qualité, que le votre.

Je demande : Que fera l'ennemi? Osera-t-il se jetter dans les branches de ce croissant et tenter le choc? Que pourroit-il espérer de la foible longueur de sa bayonnette contre nos lances et ce rang de piques qui fraisent le bataillon à six pieds en avant de son front et empêchent toute approche, bien loin de craindre d'être enfoncés. Osera-t-il attendre que vous l'abordiez le premier? Il sera renversé dans la minute; vous êtes sûr de le culbuter si vous en venez à croiser la bayonnette.

Supposez maintenant que la scène se passe dans un pays couvert et serré, il est évident que vous n'y aurez pas moins d'avantages; l'ennemi ne pourra vous arracher de derrière les haies, les ravins et les autres défenses naturelles ou factices; et si c'est vous qui voulez attaquer, dès que vous vous serez mis à portée de croiser la pique, vous le mettrez en déroute; enfin si vous ne pouvez l'aborder de front par votre ligne entière, vos deux compagnies de chasseurs le gagneront par les flancs et le harcè-

Que cela est absurde.

leront au point de l'obliger à quitter ses postes, si avantageux qu'ils puissent être. Il est donc démontré que, dans quelque terrein que ce soit, vous devez nécessairement l'emporter sur l'ennemi.

Je crois qu'il n'y a plus rien à ajouter sur ce qui regarde les combats d'infanterie contre infanterie; examinons maintenant si une troupe formée et armée suivant ces principes ne pourra pas, dans un pays de plaine, s'opposer à la cavalerie avec autant de succès. Si elle le peut, comme je le crois, je ne crains point de dire que notre institution est parfaite.

Je divise chaque compagnie en quatre sections, et je forme une colonne de huit hommes de front et de seize de profondeur, je dispose cette colonne..... avec les chasseurs et le canon sur les flancs.

Le bataillon étant ainsi formé, je le suppose attaqué en plaine par dix escadrons; le canon et les chasseurs tiendront cette cavalerie éloignée par un feu qui vraisemblablement aura beaucoup d'effet. surtout si le premier et le second rang peuvent avancer l'un après l'autre et tirer comme les grenadiers-chasseurs, ce qui se peut faire aisément et sans risque à la distance de 60 ou 90 pieds, parce que s'ils sont pressés ils reprendront leurs rangs, et les chasseurs rempliront l'intervalle des compagnies.

Je suppose que cette cavalerie, sans s'embarrasser du feu des colonnes, vienne charger au grand galop; de quelque côté qu'elle se présente, je lui oppose huit rangs dont les trois premiers sont armés de fusils avec les lances, le quatrième et le cinquième avec de longues piques, et les trois derniers, à l'abri de ce retranchement, peuvent tirer sur l'ennemi qui est élevé, sans avoir crainte de blesser ou de troubler les premiers rangs.

Maintenant je demanderois volontiers à Seidlitz, s'il étoit encore au monde; je demande à Wagnitz, qui est au service de Hesse, au Chevalier Guillaume Erskine, qui est au service de la Grande-Bretagne, s'ils pensent qu'ils pourroient rompre cette colonne en l'attaquant avec 2,000 volontaires d'Elliot? Diront-ils que oui? Eh bien! je réunis mes

Cette colonne aura 16 filles de front sur 32 de hauteur, elle aura donc 96 hommes de front au 1er rang et 192 aux 2 premiers qui seuls peuvent tirer, le reste sera nul et de la chair pour les boulets ([1]).

quatre compagnies, et je quadruple la force de ma colonne. Croiront-ils encore pouvoir enfoncer? Je ne pense pas qu'ils s'en vantent, car indépendamment du fusil, des lances et des piques, j'ose assurer qu'il n'y a point d'escadron, quelque force d'impulsion qu'il ait, qui puisse renverser seize rangs d'infanterie; car la quantité d'actions produite par un cavalier, et il n'y en a qu'un qui choque, n'est pas égale à la résistance de seize hommes placés en file et serrés en masse pour en repousser l'effet.

Je me crois donc autorisé à conclure qu'un bataillon armé et disposé suivant mes principes peut résister en plaine à un corps de cavalerie deux fois plus fort que lui et que toute la cavalerie qu'on voudra lui opposer dans l'état où elle combat à présent.

Un bataillon ordinaire de 4 compagnies de 512, car j'oute les 200 hommes qui ne seront pas sur le front du quarré pendant l'action (?), ces 512 hommes, dis-je, forment un quarré vuide de 170 hommes sur 3 filles, cela fairoit donc 512 balles contre 192 ([2]), la cavalerie soufrira le double par le bataillon en l'ordre actuel (?).

CHAPITRE XIV

De la cavalerie.

Plus je considère ce sujet. . . . .

. . . .

C'est un axiome qu'il faut mettre en action le plus d'hommes qu'il est possible, et ici, avec le terrein le plus favorable, vous n'en pouvez faire agir qu'un tiers. Quel remède y a-t-il à cela? Je n'en connois point : de quelque manière qu'on range la cavalerie, il est impossible de diminuer ses défauts, et si vous y ajoutez ceux qui naissent de la difficulté du terrein, tel que l'ennemi le peut choisir pour rendre votre cavalerie inutile toute une campagne, on sera bien tenté de conclure que la cavalerie est une arme inutile, excepté pour les patrouilles, les gardes du camp, et qu'il faut en avoir bien peu dans une armée, parce qu'elle coûte beaucoup et sert fort peu. . . . .

. . . .

Quelle absurdité.

([1]) C'est plutôt 84 et 168 qu'il faudrait lire, car il faut tenir compte des piquiers.

([2]) L'Empereur compare 4 compagnies de 128 hommes, soit 512 hommes armés de fusils et disposés en carré sur trois rangs, au bataillon carré de Lloyd. Ces hommes tirent tous, soit 512 balles.

Je ne vois pas non plus comment une ligne d'escadrons se débarrasseroit d'une troupe de cavalerie chargeant ainsi en fourrageurs; garderoit-elle son terrein, ou avanceroit-elle? La cavalerie légère ne résistera pas à votre choc, dites-vous; à la bonne heure, mais elle ne l'attendra pas; elle vous entourera comme un essain de guêpes, vous importunera, vous fatiguera jusqu'à ce qu'elle trouve l'occasion pour se précipiter sur vous de toutes parts. . . .

. . . .

Elle la débordera toujours par le déploiement des lignes suivantes.

Cependant, j'établirai toujours, comme une maxime constante, que la cavalerie doit être rangée et distribuée de façon qu'elle puisse toujours agir plus ou moins dans toute espèce de terrein, et que, quelle que soit la partie qu'on en veut mettre en action, il faut que chaque cavalier puisse agir, et non pas, comme cela se fait aujourd'hui, le premier rang seulement . . . .

. . . .

Dans une charge, le second rang sabre comme le premier.

CHAPITRE XVI

De la constitution d'une armée.

Par la constitution d'une armée. . . . .

. . . .

Je trouve trois grands inconvéniens à trop multiplier la grosse cavalerie : la grande dépense, la difficulté des subsistances, et une utilité bien peu générale en compensation de si grands embarras; en effet, dans un pays couvert comme se trouve une grande partie de l'Europe, si l'ennemi est intelligent dans le choix de son terrein, il se passera dix campagnes avant que vous trouviez une occasion d'employer votre cavalerie dans une action générale; au lieu que, dans mon sistème, l'espèce de troupes et d'armes doit être adaptée à celle du terrein et de l'emploi le plus avantageux qu'on en peut faire.

La cavalerie est util avant, pendant et surtout après les batailles, que l'on soit vaincueur ou vaincu. A Chanpaubert, à Montmiral, à Nangis, à Krasnoë en 1812, la cavalerie se portat en débordant l'infenterie, et lui passa derrière et lui coupa la retraite, la prenant en qeue, pendant que se... en tête.

2 de hauteur est le meilleur ordre.

D'après tous ces motifs réunis, je n'approuve nullement l'usage où l'on est dans nos armées modernes d'employer tant de cavalerie; ordinairement c'est assez d'en mettre le quart ou un cinquième, et je pense qu'un huitième seroit suffisant si l'infanterie était bonne et constituée suivant les principes que j'ai proposés, et si cette cavalerie que je conserve étoit formée sur quatre de hauteur, et placée à portée de pouvoir agir sous la protection de l'artillerie et de l'infanterie; c'est ce que j'ai tâché de combiner dans l'ordre de bataille que je propose.

CHAPITRE XVII

De l'ordre de bataille.

S'il étoit vrai qu'il fut util d'espasser les bataillon de 75 toises, on le pouroit faire également dans tous les sistèmes, *mais cela est absurde;* il faudroit mieux espasser les régiments, les brigades ou les divisions, mais les bataillons sont trop foibles pour cela.

Je suppose un nombre d'hommes partagé en vingt bataillons à l'ordinaire, formé sur trois rangs, et occupans chacun un espace de cent toises, c'est un front de.	2,000
Je suppose aussi trois mille chevaux, formés de même sur trois rangs; c'est mille files qui, à trois pieds chacune, donnent un front de.	500
Pour les petits intervalles gardés communément entre les bataillons et escadrons, je passe	300
L'espace total du front est donc de. . . .	2,800

Maintenant j'oppose le même nombre de bataillons formé sur quatre; chacun aura un front de 75 toises, et les vingt ensemble.	1,500
Je laisse entre chacun un intervalle égal au front, c'est encore.	1,500
En tout.	3,000
Déduisez-en 75, parce qu'il n'y a que dix-neuf intervalles.	75
Il reste.	2,925

Ma ligne de vingt bataillons composée du même nombre d'hommes que celle qui lui est opposée, déborde donc l'ennemi de 175 toises. . . . . . .

. . . .

1° En débordant l'ennemi de 175 toises, nous avons la facilité de le prendre en flanc, tandis qu'il est en même temps attaqué de front.

2° Nos intervalles sont remplis de trois ou quatre mille grenadiers-chasseurs qui tirent à leur aise, en prenant leur temps et leur point de mire; et s'ils dirigent leur feu en écharpe sur le front de l'ennemi en visant particulièrement aux Officiers, il est vraisemblable que ce feu seul fera beaucoup plus d'effet que tout celui de la ligne ennemie; ajoutez à cela que notre ligne fera son feu par rang comme je le propose, ce qui lui donnera encore une grande supériorité sur l'ennemi . . . .

Bavarder n'est pas calculer — les chifres — comptez les balles.

. . . .

Suivant notre plan, nous opposons sept bataillons et autant d'escadrons à une ligne de vingt escadrons : les bataillons ont avec eux sept obus, et autant de pièces de campagne; nos chasseurs couvrent les intervalles, et les escadrons sont derrière; le combat commence par un feu continuel du premier rang et de l'artillerie; la cavalerie soutiendra-t-elle ce feu, et combien de temps? Je crois que cela ne sera pas long; il faut qu'elle avance sur nous, ou qu'elle se retire à notre approche. Je suppose qu'elle attaque, ce ne peut être que dans l'idée de profiter de nos intervalles; prenez garde à la position des chasseurs et de nos escadrons; il n'y a qu'une partie de cette cavalerie ennemie qui pénètre à la fois; elle essuie tout le feu de flanc des deux colonnes, et les chasseurs qui se sont écartés pour la laisser passer la fusillent à dos : au même instant, mes sept escadrons la chargent et l'enveloppent; je crois que la victoire ne sera pas longtemps disputée.

Pourquoi ne donnez-vous pas de l'artillerie à la cavalerie?

La cavalerie n'attaque qu'une aile qu'elle enveloppe au grand trop avec l'artillerie légère et porte le désordre dans l'armée.

En effet, je suis si persuadé de la supériorité que mon infanterie tire de son ordre et de ses armes, que je ne crains point qu'aucune cavalerie, si résolue qu'elle puisse être, ose l'approcher seulement, bien loin de l'enfoncer; ma confiance est telle à cet égard, que je me hasarderois d'attaquer la cavalerie, même

Pour être ramené par un peloton en ordre.

en plaine ; et si elle se retiroit, je la ferois poursuivre par mes escadrons, mais non pas en ligne, en fourrageurs pêle-mêle.

4 bataillons rengé ainsi en bataille occupent 75 ^{75} 75 ^{75} 75 ^{75} 75 = 525 toises ; 4 bataillons ordinaires occupent 400 toises ; quand ces deux lignes seront à 100 toises l'une de l'autre, les 2/3 de la ligne recevront tout le feu.

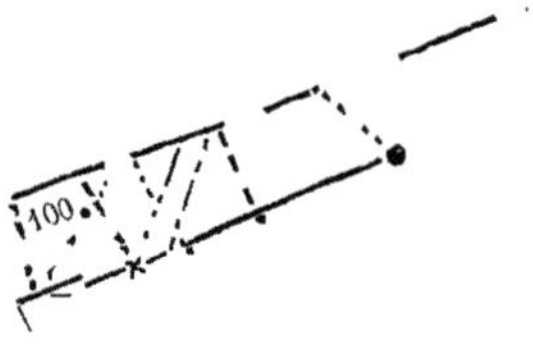

La seconde planche présente notre ordre de bataille dans l'état où l'on marche à l'ennemi, et je crois que quiconque l'examinera avec soin, jugera que l'ennemi ne peut se prévaloir des intervalles que je laisse entre mes bataillons ; car s'il tentoit de pénétrer par les ouvertures, ce seroit sa ruine, puisqu'il se trouveroit avoir ma cavalerie en tête et les chasseurs à dos. De plus, il faudroit qu'il rompît lui-même sa ligne pour faire ce mouvement, et les intervalles qu'il laisseroit ne pourroient être remplis par la seconde ligne, qui, en général, est trop loin, de sorte qu'il me donneroit bien plus de prise qu'il n'en reçoit de moi ; il faut observer qu'en même temps la disposition de ma ligne la met en état d'avancer sans inconvéniens et sans retards, quoiqu'il y ait peut-être quelques parties hors de l'alignement général, parce que cette partie est protégée par la cavalerie et les chasseurs. S'il y a même quelques-unes de mes compagnies ou de mes bataillons en déroute, l'ennemi ne peut les poursuivre sans rompre sa ligne et s'exposer à être pris de front et en flanc. Enfin, la marche du tout est beaucoup plus rapide que celle d'une ligne pleine, suivant nos principes ordinaires. Je conclurai donc que cet ordre de bataille est fort supérieur à tout autre, et que c'est celui qui présente le moins de défauts, et dans lequel on a combiné avec le plus de soin les avantages du feu et de l'arme blanche . . . . . .

. . . .

Bordeaux. — Impr. G. Gounouilhou, rue Guiraude, 9 et 11.

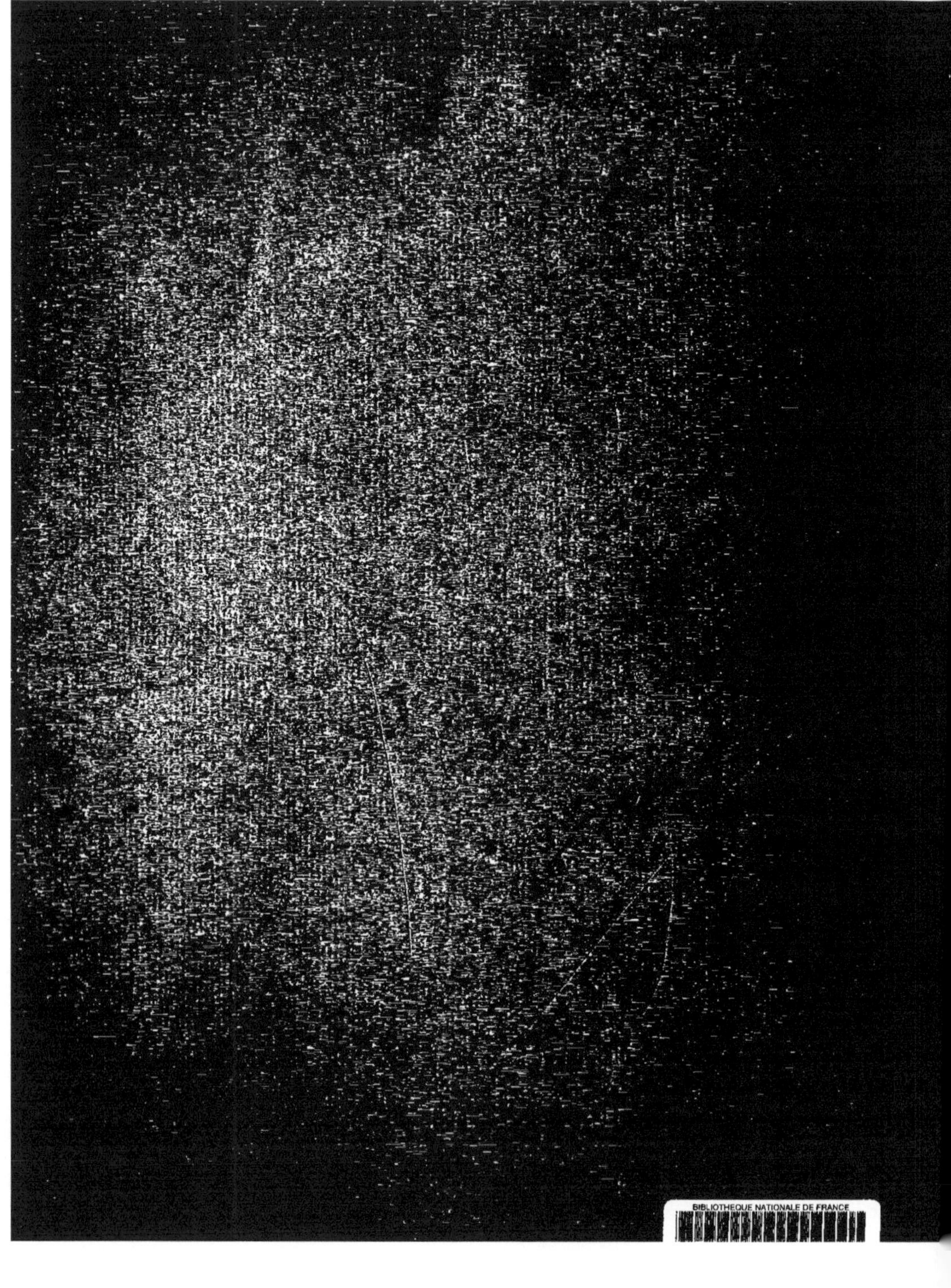